Grünkohl

Der Vitalstoff-Champion

CLEA

Grünkohl

Der Vitalstoff-Champion

Aus dem Französischen von Elisabeth Liebl

HANS-NIETSCH-VERLAG

INHALT

GRÜNKOHL

das neue Trendgemüse!

Wenn man sich die runzligen, dunkelgrünen Blätter des Grünkohls anschaut, glaubt man kaum, dass er die Herzen schöner Frauen wie Gwyneth Paltrow, Heidi Klum und Jennifer Aniston höherschlagen lässt. Ganz Amerika liegt ihm zu Füßen: Wer „in" sein will, isst Grünkohl! Das Land hat den gesunden Kohl mit den krausen Blättern neu erfunden und widmet ihm sogar einen Bestseller.* In den Speisekarten von Edelrestaurants sind neuerdings ganze Seiten ausschließlich mit Grünkohl-Gerichten gefüllt. Aber auch in Food-Blogs aus aller Welt ist er topaktuell. Und selbst jenseits des Atlantiks hat der Grünkohl innerhalb weniger Jahre so beliebte Gerichte wie Caesar-Salat und Spinat-Käse-Fondue überholt.

Was macht Grünkohl so beliebt?
Sein schlichter Name ist sicherlich nicht der Grund dafür. Es sind seine zahllosen gesunden Inhaltsstoffe, die unserem Organismus so guttun (worauf ich noch zurückkommen werde), sie haben den grünen Federkohl in aller Munde gebracht. Seine Zubereitung erfordert wenig Zeit, aber viel Feingefühl. Wir schneiden die Blätter ab, befreien sie vom Strunk, spülen sie unter fließendem Wasser ab und dann kommt der entscheidende Moment: Wir massieren den Grünkohl mit den Händen. Vor allem, wenn wir ihn roh genießen wollen, müssen wir ihn kräftig mit einer Vinaigrette aus Olivenöl und Zitronensaft einreiben, um seine Fasern weich und besser bekömmlich zu machen. Durch diese etwas ungewöhnlich anmutende Vorbereitung erleichtern wir unserer Verdauung die Arbeit.

Grünkohl ist eine Winterkohlart und stammt ursprünglich vom Wildkohl (*Brassica oleracea L.*) ab, der auch heute noch in einigen Mittelmeerregionen und vereinzelt entlang der europäischen Nordatlantikküste, besonders an Klippen und Felsen, zu finden ist. Bereits im 3. Jahrhundert v. Chr. erkannten die alten Griechen, wie gesund der grüne Wildkohl ist. Sie schrieben ihm außergewöhnliche Heilkräfte zu und kultivierten ihn schließlich. Zum ersten Mal schriftlich erwähnt hat ihn der griechische Naturforscher Theophrast (371–287 v. Chr.), der in seiner *Naturgeschichte der Gewächse* einen krausen Kohl beschreibt. Der Arzt Hippokrates (460–370 v. Chr.) empfahl gegen starke Schmerzen gekochten und aufgewärmten Grünkohl. Und selbst nach Trinkgelagen setzten die Griechen auf die gesunde Wirkung von gebra-

---

* Ein New Yorker Psychiater hat ein Buch mit Grünkohl-Rezepten herausgegeben: *Fifty Shades of Kale* (in Anlehnung an den Erotik-Bestseller *Fifty Shades of Grey*; siehe Literaturempfehlungen).

tenem Grünkohl, der dem Leib wieder zu Kräften verhelfen sollte. In der altrömischen Küche galt Grünkohl als Delikatesse. Die Römer nannten ihn „Sabellinischen Kohl". Um ihn weich zu machen, kochten sie ihn mit Salpeter. Und wer ausgedehnte Kohlfelder sein Eigen nannte, galt als reich.

Im deutschsprachigen Raum wurde die heilsame Wirkung von Grünkohl vor allem in den Kräuterbüchern des 16. und 17. Jahrhunderts beschrieben. Besonders in nördlichen Regionen entwickelte sich der winterharte Kohl in der gemüsearmen kalten Jahreszeit zu einem wichtigen Nahrungsmittel, um die arme Bevölkerung im Winter mit ausreichend Vitamin C zu versorgen. Da Grünkohl fast überall wächst und sein Anbau recht anspruchslos ist, wurde er bald zu einem der beliebtesten Gemüse in Norddeutschland. In Oldenburg wurde er 1345 sogar in den Stadtrechtsurkunden erwähnt. Immer wieder findet man in Grundstückskaufverträgen den Hinweis auf den zum Grundstück gehörigen Kohlgarten. Und so war es in Norddeutschland keine Seltenheit, dass dreimal pro Woche Grünkohl auf den Tisch kam.

Norddeutsche Auswanderer brachten das Traditionsgemüse schließlich im 19. Jahrhundert in die Vereinigten Staaten. Heute gibt es bedeutende Grünkohl-Anbaugebiete in Nordamerika, in Mittel- und Westeuropa sowie in Ost- und Westafrika. Ein Großteil des geernteten Grünkohls wird in Amerika als Frischware angeboten. *Kale* ist als Kult-Gemüse heiß begehrt – vom Supermarkt bis hin zum Bauernstand am Straßenrand – und wird von „Kale-Fans" als das gesündeste Gemüse der Welt gefeiert. Und selbst First Lady Michelle Obama verordnet Schulkindern Grünkohlgerichte und empfiehlt Grünkohl-Chips als gesunden Snack.

Grünkohl ist gesund!

Bringen wir es auf den Punkt: Dass der Grünkohl es in unseren Tagen zu so großer Popularität gebracht hat, liegt nicht nur an seinem guten Geschmack, sondern vor allem an seinem unglaublichen Nährstoffreichtum. Kurzum, Grünkohl ist der Vitalstoff-Champion unter den grünen Blattgemüsen und der unbestrittene Star aller Kohlsorten.

Wie alle Kreuzblütler ist er zwar kalorienarm, aber ballaststoffreich und zudem entschlackend. Doch der eigentliche Grund für seine Ehrentitel als „Superkohl", „Anti-Cholesterin-Cocktail", „Immun-Booster" oder „Anti-Aging-Gemüse" ist sein hoher Gehalt an Spurenelementen, Vitaminen und Antioxidantien.

Grünkohl enthält beispielsweise

- mehr Vitamin C als Orangen (1 Handvoll Grünkohl enthält mehr als 100 Prozent des empfohlenen Tagesbedarfs an Vitamin C);
- Vitamin A und Vitamin K in rauen Mengen;
- mehr Kalzium als Milch (150 Milligramm pro 100 Gramm Grünkohl, während in 1 Glas Milch nur 125 Gramm enthalten sind);

- 2-mal so viele Antioxidantien wie andere grüne Blattgemüse (vor allem Lutein und Zeaxanthin, die beide vorbeugend wirken gegen den gefürchteten Grauen Star sowie gegen Makuladegeneration und Glaukom) sowie
- Sulforaphan, das sich als gegen Krebs wirksamer sekundärer Pflanzenstoff herausgestellt hat und sich auch zur Krebsvorbeugung empfiehlt. Darüber hinaus reduziert es Mikro-Entzündungen im Magen und in den Blutgefäßen.

Mittlerweile wird Grünkohl nahezu überall auf der Welt wissenschaftlich erforscht (u. a. auch an der Universität Heidelberg). Forscher untersuchen vor allem seine positive Wirkung gegen Krebs, Alzheimer und Depressionen. Ich bin gespannt auf die Ergebnisse!

Grünkohl schmeckt!

Und in der Zwischenzeit können wir uns das Gemüse, das von Oktober bis April erhältlich ist, einfach schmecken lassen.

Was das Kochen angeht, war ich vor der Entdeckung des Grünkohls die Anti-Kohl-Frau schlechthin. Natürlich stecken auch die Verwandten des Grünkohls voller nahrhafter Inhaltsstoffe. Aber ihr Geschmack? Für jeden kleinen Kopf Weißkohl, den ich nach Hause brachte, brauchte ich sage und schreibe zwei Wochen. Und nach der Zubereitung seiner Genossen, ob nun glatt oder kraus, blättrig oder mit kleinen Röschen, musste ich meine Wohnung jeweils zwei Tage lang lüften. Und so war Kohl in meiner kleinen Küche ein absolutes No-Go – da konnte er noch so viele wertvolle Inhaltsstoffe haben. Meine Geschmacksknospen waren stattdessen glücklich mit Mangold, Spinat und Salat. Die allgemeine Begeisterung für Grünkohl ließ mich zunächst völlig kalt. Doch eines Tages bekam ich aus Versehen eine ganze Kiste voll davon geliefert. Also blieb mir nichts anderes übrig, als ihn zu probieren. Die erste Überraschung: Er war leicht zu waschen, zu putzen und zuzubereiten. Und er verströmte nicht diesen unsäglichen Kohlgeruch in der ganzen Wohnung. Nach ein paar Tagen war die Sache klar: Ich war zum Grünkohl-Fan geworden, weil das Gemüse einfach superlecker und seine Zubereitung ein Kinderspiel ist.

Grünkohl schmeckt im Vergleich zu anderen Sorten nicht nach Kohl. Sein Geschmack ist delikat, etwas süßlich und vor allem würzig. Roh schmeckt er wie Spinatsprossen, hat aber durch seine Struktur einen etwas festeren Biss. Gekocht ist er zart und schmeckt leicht säuerlich, fast wie Mangold oder Sauerampfer. Wie Sie noch sehen werden, hat Grünkohl zwar einen deutlichen Eigengeschmack, lässt sich aber trotzdem wunderbar kombinieren. Man kann ihn roh oder gegart genießen, in salzigen Gerichten oder in fruchtigen Smoothies. Ja selbst Schokoladeneis verleiht er eine ganz eigene Note. Er ist einfach nur umwerfend gut!

Wo bekomme ich frischen Grünkohl?

Grünkohl ist je nach Saison in den meisten Naturkostläden und Bio-Supermärkten erhältlich. Auch Feinkostläden mit Gemüseabteilung bieten ihn im Herbst und Winter an. In Feinkostläden und auf dem Wochenmarkt ist er meist jedoch nicht aus biologischem Anbau. Fragen Sie einfach Ihren Gemüsehändler danach. Die Nachfrage bestimmt das Angebot. Vielleicht bietet er ihn ja dann schon in der darauffolgenden Woche an.

Auch von Grünkohl gibt es verschiedene Sorten: Die bekannteste ist wohl „Grüner Krauser". „Vitessa" ist schön dunkelgrün und „Redbor" oder „roter Braunkohl" hat rote Blätter. Eine weitere gängige Sorte ist die „Ostfriesische Palme", die tatsächlich mannshoch werden kann. In Italien wird vorwiegend „Cavolo Nero" angebaut, der bei uns als „Palmkohl" bekannt ist. Seine Blätter sind nicht kraus, sondern blasig.

Wie bewahre ich Grünkohl auf?

Wählen Sie beim Kauf stets Grünkohl mit kräftig grünen Blättern und dicht stehenden äußeren Blattspitzen aus. Im Gemüsefach Ihres Kühlschranks bleibt er, in ein sauberes feuchtes Küchentuch eingeschlagen, bis zu einer Woche frisch.

Zum Waschen sollten Sie die Blätter vom Stiel lösen, was recht schnell geht. Halten Sie den Grünkohl mit dem Kopf nach unten am Stiel fest. Schneiden Sie mit einem scharfen Messer am Stiel entlang, sodass die Blätter auf die Arbeitsfläche fallen. Waschen Sie dann die Blätter 2- bis 3-mal im Spülbecken mit frischem Wasser. Und wechseln Sie nach jedem „Waschgang" das Wasser. Anschließend können Sie sie mit der Salatschleuder trocken schleudern.

Wenn Sie die Blätter nicht innerhalb 1 Woche verbrauchen, sollten Sie sie nach dem Waschen einfrieren. Im Gefrierschrank sind sie 3 Monate haltbar. Dabei haben Sie zwei Möglichkeiten:

- Frieren Sie die Blätter in Gefrierbeuteln ein.
- Pürieren Sie die (rohen oder gekochten) Blätter im Mixer und frieren Sie sie portionsweise (z. B. in der Eiswürfelschale) ein.

Wie bereite ich Grünkohl zu?

Ein Stiel Grünkohl mit Blättern wiegt etwa 50 bis 60 Gramm. Ohne Stiel bleiben 30 Gramm übrig, also etwa 1 Handvoll. In meinen Rezepten verwende ich nur die Blätter. Die Grammangaben in der Zutatenliste beziehen sich also jeweils auf die Blätter ohne Stiel.

Natürlich können Sie auch den Stiel essen, wenn Sie ihn in sehr kleine Stücke schneiden und garen. Die Würfel können Sie für Aufläufe, Suppen oder Rezepte verwenden, die eine lange Garzeit erfordern. Allerdings schmeckt der Stiel eher etwas deftig. Ich bewahre den Stiel meist auf und nehme ihn dann für Gemüsebrühe.

Frischen Grünkohl können Sie natürlich auch roh essen, so profitieren Sie am meisten von seinem Reichtum an Vitaminen und Antioxidantien. In Smoothies sowie als Aufstrich oder Pesto ist er schnell zubereitet. Für Salate hingegen müssen Sie die Blätter „massieren", um die Fasern aufzubrechen und leichter verdaulich zu machen. Legen Sie die Blätter dafür in eine Schüssel, übergießen Sie sie mit einer Vinaigrette aus Olivenöl und Zitronensaft und massieren Sie diese dann mit beiden Händen ein, indem Sie sie sanft mit den Fingern in die Blätter einarbeiten. Die Blätter fallen nach wenigen Minuten zusammen, die Vinaigrette verfärbt sich grün und der Grünkohl kann verzehrt werden.

Sie können ihn stattdessen aber auch 2 Minuten lang im Dampfgarer blanchieren. So wird er weicher, ohne dabei allzu viele Nährstoffe zu verlieren. Für manche Rezepte in diesem Buch müssen die Blätter ohnehin blanchiert werden, so zum Beispiel, wenn Sie 1 Handvoll Grünkohlstreifen am Ende der Garzeit ins Risotto, zu Pasta oder Reisgerichten geben.

Aber lassen Sie sich auf keinen Fall davon abhalten, Ihren Grünkohl auch gegart zu genießen, ob er nun gekocht, gedämpft, gebraten oder geschmort wird: Er verliert dabei keineswegs alle Nährstoffe und schmeckt immer noch köstlich. Doch für den Anfang lautet mein Tipp: Verwandeln Sie Grünkohl in leckere Chips. Der gesunde Snack ist in 10 Minuten fertig und ein absolutes Suchtmittel! Mit den Grünkohl-Rezepten in diesem Buch können Sie Salaten, Smoothies, aber auch Pesto, Risotto und Quiche mehr Pep verleihen. Ich bin überzeugt, dass auch Sie dem knackigen und fein säuerlich schmeckenden Grünkohl verfallen werden.

Und zögern Sie nicht, Ihren Grünkohl mit Knoblauch, Ingwer oder Zitrone aufzupeppen. Grünkohl passt ganz hervorragend zu Reis- und Getreidegerichten, denen er einen Hauch von Frische verleiht, aber auch zu Hülsenfrüchten, die Sie als Suppe und Eintopf zubereiten. Roh lässt er sich bestens kombinieren mit Äpfeln, Granatäpfeln und allen Zitrus- sowie roten Früchten. Und auch zu Avocado schmeckt er einfach köstlich. Ob roh oder gekocht, Grünkohl passt auch zu Trockenfrüchten, Nüssen und Mandeln. Und sowohl geschmacklich als auch farblich macht er sich prima zu Kürbis, Wurzelgemüse (wie Karotten oder Rote Bete) und Champignons. Wie alle grünen Gemüsesorten ist Grünkohl ein idealer Partner für Käsegerichte, vor allem aus Ziegen- und Schafmilch (Feta, Weichkäsesorten wie Rocamadour), sowie für Milchprodukte und Eier.

Ein originelles Gemüse

Interview mit Alain Barbier, Bio-Bauer in Velleron im Département Vaucluse. Alain Barbier baut seit 1989 an die dreißig Obst- und Gemüsesorten nach bio-dynamischen Richtlinien an.

Seit wann bauen Sie Grünkohl an?

Für den Privatverbrauch ziehe ich Grünkohl schon seit zwanzig Jahren, weil ich originelles Obst und Gemüse einfach mag. Damals nannte man ihn noch „Russischen Krauskohl". Ich fand ihn interessant, weil er ausgesprochen kälteresistent ist, aber auch Wind und Regen trotzt. Sogar im Winter kann man ihn noch ernten. Außerdem hatte ich von seinem hohen Vitalstoffgehalt gehört und mochte seinen Geschmack.

Wann haben Sie angefangen, ihn zu verkaufen?

Ich bin darauf spezialisiert, Produkte zu liefern, die nicht jeder hat. Als mich die Leute auf Grünkohl ansprachen und allmählich eine Nachfrage entstand, habe ich die Produktion auf größere Mengen umgestellt. Ich habe die Samen im August gesetzt, doch da die letzten Sommertage noch einmal richtig heiß waren, konnte ich erst Ende September ernten.

Die Ernte zieht sich über den ganzen Winter hin?

Das ist ja das Tolle. Grünkohl entwickelt in der Kälte Aromen und Zucker, die seinen Geschmack deutlich verbessern. Daher sollte man den ersten Frost abwarten, bevor man erntet. Danach wird er zu einer kleinen Palme: Man schneidet die unteren Blätter ab und er wächst noch wochenlang weiter.

Welche Anforderungen stellt der Anbau von Grünkohl?

Der Anbau von großen Mengen ist recht anspruchsvoll: Man braucht viele Arbeitskräfte. Die Grünkohlpflanzung muss regelmäßig von Unkraut befreit werden, was nur von Hand geht, weil die Blätter sonst brechen würden. Ein Traktor kommt da nicht durch. Wir machen alles von Hand … Außerdem muss man Grünkohl gut wässern und pflegen. Doch im Moment sind wir noch in der experimentellen Phase, weil in diesem Jahr die erste richtig große Ernte ansteht. Wir kontrollieren die Pflanzen regelmäßig, damit sie keine Krankheiten entwickeln oder von Insekten befallen werden.

Grünkohl selbst ziehen

Anleitung von Magali Ancenay de Luca, *Bio-Gärtnerin*

Die Samen: Grünkohlsamen sind bei Samenhändlern und in Online-Shops erhältlich. Manche Sorten gibt es auch in Bio-Qualität: Ostfriesische Palme (*www.dreschflegel-shop.de*), Grüner Krauser (*www.re-natur.de*), Lerchenzungen (*www.bio-saatgut.de*).

Aussäen, pikieren, pflanzen: Von April bis Juni können die Samen in Anzucht-erde ausgesät werden, wo sie geschützt keimen sollten. Wenn die Pflänzchen vier Blätter aufweisen, in kleinen Anzuchttöpfen pikieren. Dabei den Haupttrieb gut mit Erde bedecken.
Die meisten Grünkohlsetzlinge vertragen Sonne und Schatten gleichermaßen. In Bezug auf die Bodenbeschaffenheit sind sie recht anspruchslos. Trotzdem sollte die Erde etwas Dünger erhalten und so locker wie möglich sein.
3 bis 4 Wochen nach dem Pikieren kann man die Grünkohlpflänzchen ins Freie setzen. Beim Pflanzen sollten Sie jedoch darauf achten, dass jedem Pflänzchen in alle Richtungen etwa 50 Zentimeter Platz bleibt. Sie sollten nun schon 6 bis 8 Blätter haben. Setzen Sie die Pflänzchen so tief in die Erde, dass nicht mehr als 2 Zentimeter Abstand zum ersten Blatt bleiben. Gut angießen und die Erde um die Setzlinge einebnen.

Pflege: Achten Sie vor allem auf regelmäßiges Gießen. Grünkohlpflanzen vertragen Hitze weniger gut als andere Blattkohlarten. Daher sollten Sie dafür sorgen, dass sich das Erdreich nicht erhitzt oder gar austrocknet. Es sollte dauerhaft kühl bleiben. Glücklicherweise gibt es nur ein Insekt, das dem Grünkohl schadet: die Baumwan-ze (*Nezara viridula*). Leider ist dagegen kein (biologisches) Kraut gewachsen. Sam-meln Sie die Wanzen bei Befall ab und drehen Sie dabei die Blätter auch um, damit sich keine Tiere an der Blattunterseite verstecken können. Der Kohlweißling legt seine Eier gern auf den Blättern junger Grünkohlpflanzen ab. Sind die Raupen erst einmal geschlüpft, fressen sie leider die gesamte Pflanze kahl. Schützen Sie Ihren Grünkohl also nötigenfalls von Mai bis Juni mit Vogelnetzen.

Ernte: 4 bis 6 Monate nach der Aussaat können Sie Ihren Grünkohl nach Bedarf ernten. Beginnen Sie mit den untersten Blättern. Nach dem ersten Frost geernteter Grünkohl schmeckt sehr viel intensiver.

Rohköstlicher Grünkohl

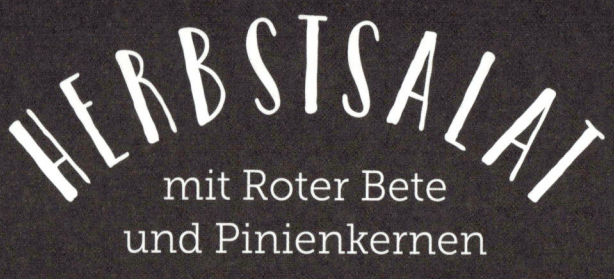

HERBSTSALAT
mit Roter Bete
und Pinienkernen

Grünkohl und Wurzelgemüse sind ein perfektes Duo, vor allem wenn das Wurzelgemüse im Backofen gebraten oder besser noch karamellisiert wird. Servieren Sie das im eigenen Saft butterweich geschmorte Gemüse mit einer Miso-Tahin-Sauce. Ein wahrhaft herbstlicher Genuss! Nichts passt besser zu krossem, rohem Grünkohl. Ein Hit mit Roter Bete oder Karotten. Probieren Sie auch Variationen mit Pastinaken oder Kürbis aus, vielleicht sogar mit Blumenkohl.

FÜR 4 PERSONEN • 120 g Walnüsse • 2 Bio-Orangen • 1 Bio-Grapefruit • 1 Knoblauchzehe • 2 gestrichene TL süßer Senf • 2 EL Apfelessig • 2 TL kalt geschleuderter Honig • 2 EL Olivenöl • Meersalz und frisch gemahlener Pfeffer zum Abschmecken • 6 Handvoll Grünkohlblätter • 200 g Feta aus Ziegen- oder Schafmilch • Nüsse Ihrer Wahl zum Garnieren

Die Rote Bete schälen. In Scheiben schneiden und diese vierteln. In einer Lage auf einem Backblech auslegen. Reichlich mit Olivenöl beträufeln, mit etwas Zitronensaft und Meersalz abschmecken. Die Scheiben im Backofen etwa 30 Minuten bei 180 °C backen. Acht Minuten vor Garzeitende die Pinienkerne dazugeben und anrösten. In einer großen Salatschüssel Tahin mit Miso und 1 Teelöffel Zitronensaft verrühren. Mit etwas warmem Wasser verlängern, bis eine dickflüssige, cremige Sauce entsteht. Die Grünkohlblätter grob in Stücke schneiden, dazugeben und die Sauce kräftig mit den Händen in die Blätter einmassieren. Den Apfel schälen und vierteln, dabei das Kerngehäuse entfernen. In Würfel schneiden. Abgekühlte Rote Bete, Pinienkerne, Apfelwürfel und Cranberrys zu dem Grünkohl geben. Den Salat zimmerwarm oder kalt servieren.

Wintersalat
mit Orangenfilets und Feta

Im Winter lässt sich Grünkohl gern von Zitrusfrüchten beglei-
ten. Dazu gesellt sich würziger Feta. Bei diesem Rezept können
Sie nach Herzenslust experimentieren: mit Grapefruit-, Manda-
rinen- oder Orangenfilets, deren Saft eine köstliche Vinaigrette
ergibt. Dazu passen aber auch im Backofen karamellisierte Zitro-
nenscheiben mit verschiedensten Gewürzen. Geben Sie ein paar
geröstete Nüsse zum Abrunden des Geschmacks über den Salat
oder auch etwas frischen Koriander. So fühlt sich der Winter
sonnig und wärmend an!

Für 4 Personen

120 g Walnüsse
2 Bio-Orangen
1 Bio-Grapefruit
1 Knoblauchzehe
2 gestrichene TL süßer Senf
2 EL Apfelessig
2 TL kalt geschleuderter Honig
2 EL Olivenöl
Meersalz und frisch
    gemahlener Pfeffer zum
    Abschmecken
6 Handvoll Grünkohlblätter
200 g Feta aus Ziegen- oder
    Schafmilch
Nüsse Ihrer Wahl
    zum Garnieren

Die Walnüsse etwa 8 Minuten bei 180 °C
im Backofen rösten. Orange und Grapefruit
schälen und in Filets zerteilen, dabei
den Saft auffangen. Die Knoblauchzehe
schälen und durch die Knoblauchpresse
drücken. In einer großen Salatschüssel den
Knoblauch mit dem Senf verrühren. Den
Saft der Zitrusfrüchte sowie Essig, Honig
und Öl einrühren. Mit Salz und Pfeffer
abschmecken. Die Grünkohlblätter grob in
Stücke schneiden und in die Salatschüssel
geben. Die Sauce kräftig mit den Händen
in die Blätter einmassieren, bis diese weich
sind. Zitrusfilets dazugeben, den Feta grob
zerkrümeln und darüberstreuen. Mit Nüssen
bestreut servieren.

SOMMERSALAT

mit Granatapfel und Feigen

Der Sommer nähert sich dem Ende und die ersten Grünkohlblätter kommen auf den Markt. Sie schmecken frischer und weniger süß als der winterliche Kohl. Wenn Sie dazu noch frische Tomaten und Erdbeeren bekommen können, sollten Sie zugreifen. Wenn nicht, dann spendieren Sie Ihrem Grünkohl ein Geleit aus den Früchten der Saison: Granatapfel und Feigen. Sie zieren diesen Sommersalat wie rohköstliche Edelsteine. Und verzichten Sie nicht auf den Käse. Er rundet das Grünkohl-Ensemble ab und verleiht ihm mehr Biss.

FÜR 4 PERSONEN • 1 TL kalt geschleuderter Honig • 1 TL scharfer Senf • 2 EL Balsamico • 2 EL Walnussöl • 1 EL Olivenöl • 6 Handvoll Grünkohlblätter • 1 Granatapfel • 3 Handvoll Haselnüsse • 6 frische violette Bio-Feigen • 150 g Brébis oder 80 g Parmesan • Meersalz zum Abschmecken

In einer großen Salatschüssel Honig, Senf und 1 Prise Salz zum Abschmecken verrühren. Mit Essig und den Ölen verquirlen. Den Grünkohl grob in Stücke schneiden, dazugeben und die Salatsauce mit den Händen kräftig in die Blätter einmassieren. Den Granatapfel auf der Arbeitsfläche unter leichtem Druck mehrmals hin und her rollen, damit sich die Kerne im Innern lösen. Anschließend den Granatapfel durchschneiden und die Kerne mit dem Teelöffel heraustrennen. Zu dem Grünkohl geben und unterheben. Die Haselnüsse trocken in der Pfanne rösten und abkühlen lassen. Die Haut abreiben und die Nüsse grob hacken. Die Feigen achteln und auf dem Salat verteilen. Den Käse in Späne hobeln und mit den Nüssen darübergeben. Sofort servieren und genießen!

Grünkohlsalat
nach Cäsar-Art

Der klassische Cäsarsalat wird nach dem Originalrezept aus Romanasalat, Huhn und Speck sowie einer Sauce aus Eiern und Anchovis zubereitet. Doch die Kombination aus knackigem Salat, cremiger Sauce, würzigem Parmesan und knusprigen Croûtons macht eigentlich seinen besonderen Charme aus. Daher versuchen wir das Ganze einmal vegetarisch. Und dazu eignet sich Grünkohl ganz hervorragend.

Für 4 Personen

Sauce:
100 g Wal- oder Pekannüsse
   bzw. Cashewkerne
2 Knoblauchzehen,
   fein gehackt
4 Kalamata-Oliven ohne Stein
1 EL scharfer Senf
Saft von 2 Zitronen
   (etwa 100 ml)
4 EL Olivenöl oder etwas Milch
Meersalz und frisch gemahlener
   Pfeffer zum Würzen

Salat:
1 großer Romanasalat
8 Handvoll Grünkohlblätter
1/3 Dinkel-Baguette
Olivenöl zum Beträufeln
Meersalz und frisch gemahlener
   Pfeffer zum Abschmecken
80 g Parmesan, gehobelt
   (wahlweise)
12 Kalamata-Oliven ohne Stein

Sauce: Die Nüsse am besten schon am Vorabend in ausreichend Wasser zwischen 10 Minuten und 4 Stunden (Cashewkerne) einweichen. Abgießen und mit den restlichen Saucenzutaten im Mixer cremig rühren. Im Kühlschrank aufbewahren.

Salat: Romanasalat und Grünkohlblätter waschen. Salat fein, die Grünkohlblätter grob schneiden. Letztere in eine große Salatschüssel geben und die Salatsauce mit den Händen kräftig in die Blätter einmassieren. Den Romanasalat dazugeben. Den gehobelten Parmesan und die Oliven untermischen. Das Baguette in große Würfel schneiden und auf einem Backblech verteilen. Mit etwas Salz und Pfeffer würzen und mit Olivenöl beträufelt im Backofen unter dem Grill 5 bis 10 Minuten rösten. Unter den Salat heben und sofort servieren.

Taboulé
mit Grünkohl

Taboulé ist ein Klassiker der libanesischen Küche, der immer wieder neu interpretiert werden kann. In Frankreich wird es vorzugsweise als Getreidesalat serviert, im Libanon hingegen mit vielen aromatischen Kräutern. Grünkohl passt bestens zu beiden Varianten. Bereiten Sie es ganz nach Belieben mit Couscous, Bulgur oder Quinoa zu. Den Couscous müssen Sie dafür nicht einmal vorkochen. Ich mische gern noch ein paar geröstete Mandelkerne darunter, die dem Taboulé einen knusprigen Biss zu verleihen. Im Winter können Sie Tomaten und Gurken durch Grapefruit- oder Orangenfilets ersetzen.

Für 4 Personen

2 EL Olivenöl
Saft von 1 Zitrone
1 TL Meersalz
6–7 Handvoll Grünkohlblätter
150 g Bulgur in Bio-Qualität
½ Bund frische Petersilie
½ Bund frische Minze
12 Kirschtomaten
1 kleine Salatgurke
3 Frühlingszwiebeln
½ Bio-Zitrone, in Olivenöl und
    Meersalz eingelegt
50 g Rosinen in Bio-Qualität,
    ungesüßt
60 g Mandelkerne (wahlweise)
Meersalz zum Abschmecken

Olivenöl, Zitronensaft und 1 Teelöffel Salz verrühren. Die Grünkohlblätter grob hacken; in einer Schüssel die Vinaigrette mit den Händen kräftig in die Blätter einmassieren, bis diese weich sind. Den Bulgur etwa 5 Minuten garen, mit etwas Salz abschmecken, 15 Minuten bei geschlossenem Deckel quellen lassen und zum Grünkohl geben. Petersilien- und Minzeblätter fein hacken. Kirschtomaten halbieren und Gurke in kleine Würfel schneiden. Frühlingszwiebeln und eingelegte Zitrone mit Schale fein hacken. Alle Zutaten außer Mandeln und Rosinen unter den Bulgur heben und das Ganze mindestens 4 Stunden im Kühlschrank durchziehen lassen. Wenn gewünscht, die Mandelkerne etwa 10 Minuten bei 180 °C im Backofen rösten. Die Haut entfernen und kurz vor dem Servieren mit den Rosinen zu dem Taboulé geben.

GRÜNKOHL-CHIPS
im Dörrautomaten getrocknet

Diese Chips haben viel zur Renaissance des Grünkohls beigetragen. Sie sind leicht, crisp und obendrein auch noch schnell gemacht. Auf Seite 60 finden Sie ein Rezept für Backofen-Chips. Rohköstlich wird's, wenn Sie den Dörrautomaten verwenden oder die Chips im Backofen bei einer Temperatur von etwa 40 °C rösten.

SALZIGE CHIPS
FÜR 4 PORTIONEN • 7 Handvoll Grünkohlblätter • Saft von 1 Zitrone • 2–3 EL Olivenöl • etwa 1 TL Meersalz (Menge nach Bedarf)

Die Grünkohlblätter grob in Stücke schneiden. In einer Salatschüssel Zitronensaft, Olivenöl und Salz verrühren. Die Blätter damit vermengen und anschließend gleichmäßig auf den Einschüben des Dörrautomaten verteilen. Etwa 12 Stunden bei 40 °C trocknen, bis sie vollständig trocken und knusprig sind.

SÜSSE CHIPS
FÜR 4 PORTIONEN • 2 EL dünnflüssiges Tahin in Rohkostqualität • 3 EL frisch gepresster Orangensaft • 1 EL Agavendicksaft • 1 TL Sojasauce in Bio-Qualität

Chips wie oben beschrieben zubereiten. Für die Marinade die oben aufgeführten Zutaten verwenden.
Geben Sie nach Belieben dazu: Gewürze (Ingwer, Zimt etc.), Kakao, Piment ... Alternativ können Sie für Ihre Grünkohl-Chips aber auch selbst eine Marinade kreieren.

Grünkohl-Apéros

Ein Hoch auf den Grünkohl! Er ist einfach großartig!

Alkoholfreier Mojito mit Grünkohl

Für 8 Personen

1 gute Handvoll Grünkohl-
    blätter, grob in Stücke
    geschnitten
½ Bund frische Minze,
    grob gehackt
etwas Wasser
Mineralwasser mit Kohlen-
    säure
Saft von 4 Limetten
3 EL Agavendicksaft
Eiswürfel und Limetten-
    scheiben zum Garnieren

Grünkohl, Minze und Wasser im Mixer
pürieren. Bewahren Sie ein paar Minzeblätter
zum Garnieren auf. Die Flüssigkeit
durch ein Sieb streichen. Mineralwasser,
Limettensaft und Honig verquirlen und
die Grünkohlmischung damit aufgießen.
Mit Eiswürfeln, Limettenscheiben und
Minzeblättern garnieren.

Grüner Cocktail mit Ananas, Apfel und Ingwer

Für 4 Personen

2 Handvoll Grünkohlblätter
½ Ananas
2 rote Äpfel
Saft von 1 Limette
1 cm frische Ingwerwurzel

Im Entsafter: Grünkohlblätter, Ananas
und Ingwer grob in Stücke schneiden.
Die Äpfel schälen und vom Kerngehäuse
befreien. Alle Zutaten außer Limettensaft im
Entsafter zu einem Cocktail verarbeiten. Den
Limettensaft zum Schluss dazugeben.
Im Mixer: Grünkohlblätter grob in Stücke
und die Ananas in Würfel schneiden. Die
Äpfel schälen, vom Kerngehäuse befreien
und ebenfalls in Stücke schneiden. Die
Limette auspressen und den Ingwer schälen.
Alle Zutaten im Mixer mit etwas Wasser
pürieren.

Würzige

Grünkohl-Aufstriche

Rohköstlicher Grünkohl-Aufstrich ist in 5 Minuten fertig und schmeckt wunderbar auf Brot oder zu Gemüsesticks. Grünkohl-Pesto oder -Hummus verleihen Ihren Sandwiches, Toasts und Wraps eine besondere Note. Warm peppt er Nudeln, Tartes und Pizzas auf, aber auch Lasagne und Aufläufe.

Grünkohl-Hummus

Für 1 kleine Schale

240 g weiße Bohnen oder
    Kichererbsen, gekocht
3 knappe Handvoll Grünkohl-
    blätter
1 EL Miso
2 EL Tahin in Rohkostqualität
2 Knoblauchzehen
2 EL Olivenöl
Saft von 1 Zitrone

Bohnen oder Kichererbsen waschen und von den weißen Häuten befreien. Das kostet zwar etwas Zeit, aber so wird das Hummus noch feiner. Die Hülsenfrüchte mit fein gehackten Grünkohlblättern, Miso, Tahin, fein gehackten Knoblauchzehen, Olivenöl und Zitronensaft in den Mixer geben und pürieren, bis die gewünschte Konsistenz (fein oder noch etwas stückig) erreicht ist. Wasser macht das Hummus geschmeidiger und Joghurt (aus Soja- bzw. Schafmilch) sämiger.

Grünkohl-Pesto mit Haselnüssen und Parmesan

Für 1 Tasse

50 g Haselnüsse
50 g Parmesan, fein gerieben
2 knappe Handvoll Grünkohl-
    blätter
80 ml Olivenöl

Die Nüsse trocken in der Pfanne anrösten oder etwa 8 Minuten im Backofen bei 180 °C. Die Haut abreiben. In den Mixer geben, den geriebenen Parmesan sowie den klein geschnittenen Grünkohl und das Olivenöl hinzufügen. Alle Zutaten zu einer homogenen, noch stückigen Masse verarbeiten. Das Pesto bleibt im Kühlschrank 1 Woche frisch. In der Eiswürfelschale eingefroren, hält es sich 1 Monat.

Grünes Schoko-Minz-Eis

Sagen Sie nichts, wenn Sie es servieren: Dieses wunderbare Parfait ist der Höhepunkt jeder Mahlzeit! Niemand wird den Grünkohl herausschmecken. Er macht das Eis süß, grün und nährstoffreich ... Sobald die Dessertschalen leer gelöffelt sind, können Sie ja die Katze aus dem Sack lassen!

Für 6 Personen

2 knappe Handvoll Grünkohl-
    blätter
10 g frische Minzeblätter
120 ml Mandelmilch
    in Bio-Qualität
4 EL Agavendicksaft
1 geh. EL helles Mandelmus
    in Rohkostqualität
500 g griechischer Schaf-
    milchjoghurt in Bio-
    Qualität
75 g dunkle Kuvertüre,
    fein gerieben

Grünkohl- und Minzeblätter fein hacken und in den Mixer geben. Mandelmilch, Agavendicksaft und Mandelmus hinzufügen und möglichst fein pürieren. Joghurt dazugeben und erneut durchmixen. Für mindestens 6 Stunden in den Kühlschrank stellen. Danach für 20 bis 30 Minuten in die Eismaschine füllen und durchrühren lassen. Etwa 5 Minuten vor Schluss die Schokolade zu der Masse geben. Das Parfait 5 Minuten in den Gefrierschrank stellen. Wenn Sie das Eis im Gefrierschrank aufbewahren, sollten Sie es 10 bis 15 Minuten vor dem Servieren herausnehmen.

Vegane Alternative: Ersetzen Sie den Schafmilchjoghurt durch Sojajoghurt.

Grünkohl-Wraps
mit Avocadosauce und Cranberrys

Diese Wraps machen ein Picknick erst wirklich zum Genuss. Sie sind einfach zu transportieren, lassen sich ganz nach Belieben lecker kombinieren und sind als leichte Alternative zum Sandwich bestens geeignet. Die cremige Avocadosauce passt wunderbar zum Grünkohl. Probieren Sie das Duo auch als Salat, kombiniert mit gerösteten Kichererbsen, Tomatenscheiben und geraspelten Karotten oder Roter Bete.

Für 3 Personen

Sauce:
Fleisch von ½ Avocado
1 EL Limettensaft
1 TL Sojasauce in Bio-Qualität
2 EL Walnussöl
1 Becher Sojajoghurt natur
 in Bio-Qualität

Wraps fertigstellen:
6 Wraps (Fladenbrote aus
 Weizenmehl)
3 gute Handvoll Grünkohl-
 blätter, grob in Stücke
 geschnitten
Fleisch von ½ Avocado,
 in Würfel geschnitten
25 g Cranberrys
25 g Walnüsse oder Cashewkerne

Sauce: Alle Zutaten für die Sauce im Mixer cremig pürieren und in eine Salatschüssel gießen. Die Grünkohlblätter dazugeben und die Sauce mit den Händen kräftig in die Blätter einmassieren.

Wraps fertigstellen: Avocadowürfel, Cranberrys und Nüsse unter den Grünkohl mischen. Ein Wrap auf die Arbeitsfläche legen und mit dem Salat belegen. Einrollen und beiseitelegen. Mit den anderen Wraps ebenso verfahren. Sofort servieren oder ein paar Stunden im Kühlschrank aufbewahren. Danach weichen die Wraps durch.

GRÜNKOHL APFEL SANDWICH

Dies ist mehr als *ein* Rezept! Nach diesem Prinzip können Sie zusammenstellen, wonach auch immer es Sie gelüstet. Grünkohl mit Apfel, Käse und Senf ist eine meiner Lieblingskombinationen. Doch auch andere Zutaten verwöhnen Ihren Gaumen: Grünkohl und Ziegenkäse schmecken immer gut mit getrockneten Aprikosen oder Pflaumen. Und statt des Apfels können Sie frisch geraspelte Karotten dazugeben. Welche leckeren Kombinationen fallen Ihnen ein?

PRO PERSON • 1 kleine Handvoll Grünkohlblätter • ½ roter Apfel • 40 g Ziegenfrischkäse oder Ziegen-Brie • ½ TL süßer Senf • 1 TL Apfelessig • 1 großer EL Walnussöl • Meersalz und schwarzer frisch gemahlener Pfeffer • 6 Walnusskerne • 2 Scheiben Vollkornbrot in Bio-Qualität

Die Grünkohlblätter waschen, trocken tupfen und fein hacken. Den Apfel vom Kerngehäuse befreien und in Schnitze zerteilen. Den Käse in dünne Scheiben schneiden. In einer kleinen Salatschüssel Senf, Essig, Öl, Salz und frisch gemahlenen schwarzen Pfeffer verrühren. Den Grünkohl dazugeben und die Sauce mit den Händen kräftig 2 Minuten einmassieren. Die Walnusskerne grob hacken. Eine Brotscheibe mit Grünkohl belegen, Käse, Apfelschnitze und Nüsse darauf verteilen. Die zweite Scheibe daraufsetzen und andrücken. Sofort servieren.

Rohköstliche GRÜNE SUPPE

Genießen Sie Grünkohl roh! Nur so können Sie von dem kompletten Nährstoffaufgebot des Grünkohls profitieren. Diese Suppe ist – leicht erwärmt oder kalt – ein echter Frische-Kick. Servieren Sie sie wie einen Zaubertrank in kleinen Gläsern als Aperitif oder als Vorspeise in kleinen Schälchen mit einem Klecks Kokossahne und Vollkorn-Crackern. Avocado, Kokos und Koriander vereinen sich zu einem einzigartigen Geschmackserlebnis. Oder wandeln Sie die Suppe mit Mandelmilch, Basilikum und Minze ab.

FÜR 4 PERSONEN • 150 ml Kokosmilch • ½ TL Miso • 250 ml warmes Wasser • 1 Avocado • 3 gute Handvoll Grünkohlblätter • 1 EL frisches Koriandergrün • 1 Salatgurke (wahlweise) • Meersalz zum Abschmecken

Kokosmilch, Miso und 250 Milliliter warmes Wasser in den Mixer geben. Avocadofleisch, klein geschnittenen Grünkohl und gehacktes Koriandergrün hinzufügen und alles gut pürieren. Mit Salz abschmecken und erneut durchmixen. Falls nötig, noch etwas Wasser einlaufen lassen. Wenn Sie zusätzlich Gurke dazugeben wollen, sollten Sie diese vorher schälen und von Kernen befreien. Sofort servieren.

GRÜNKOHL-SMOOTHIES

Grünkohl schmeckt im grünen Smoothie milder als Spinat oder Petersilie. Wer seine Smoothies aber nicht grün mag, kann den etwas süßlichen Geschmack des Grünkohls auch mit roten oder blauen Beeren sowie Kakao kombinieren.

Grüne Smoothies

Mit Banane – **FÜR 1 PERSON** • 1 Banane, in Scheiben geschnitten • 1 Handvoll Grünkohlblätter, grob in Stücke geschnitten • 1 Tasse Mandel- oder Reismilch in Bio-Qualität

Mit Avocado – **FÜR 1 PERSON** • Fleisch von ½ Avocado • 1 Kiwi, geschält • 1 Handvoll Grünkohlblätter, grob in Stücke geschnitten • 1 kleines Bund Petersilie, ohne Stiele • 1 TL Agavendicksaft • 1 Tasse Mandel- oder Reismilch in Bio-Qualität

Alle Zutaten im Mixer zu einem grünen Drink pürieren und sofort servieren.

Beeren-Smoothies mit Grünkohl

Mit roten Früchten – **FÜR 1 PERSON** • Fleisch von ½ Avocado • ½ Banane, in Scheiben geschnitten • 1 Handvoll Grünkohlblätter, grob in Stücke geschnitten • 60 g Himbeeren • 1 EL Cashewmus in Rohkostqualität • 1 TL Chiasamen (wahlweise) • 1 Tasse Mandel- oder Reismilch in Bio-Qualität

Mit Kakao – **FÜR 1 PERSON** • 1 Handvoll Grünkohlblätter, grob in Stücke geschnitten • 60 g Heidelbeeren oder Kirschen, entsteint • 2 TL ungesüßtes Kakaopulver in Bio-Qualität • 1 EL kalt geschleuderter Honig oder Agavendicksaft • 1 Becher Sojajoghurt Vanille in Bio-Qualität

Alle Zutaten im Mixer glatt pürieren und sofort genießen.

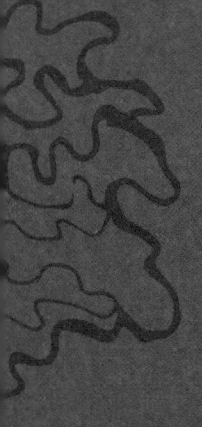

Knackiger Grünkohl – kurz gegart

Bruschetta
mit Grünkohl, Ziegenkäse und Roter Bete

Für eine traditionelle Bruschetta wird eine Scheibe Brot geröstet, noch warm mit Knoblauch bestrichen und mit Tomaten sowie Basilikum belegt. Dieses Rezept weicht von der klassischen Version etwas ab, doch die Komposition (knuspriges Röstbrot mit exquisiten Aromen) bleibt gleich. Servieren Sie diese Köstlichkeit zu Suppen oder gemischtem Salat. Oder Sie schneiden das Brot als Vorspeise in kleinere Stücke und servieren die Häppchen zum Aperitif.

Für 4 Personen

120 g Rote Bete, gekocht
2 Datteln, ohne Stein
40 g Walnusskerne
2 EL Walnussöl
1 Schalotte
4 schöne Scheiben Vollkorn-
    brot in Bio-Qualität
2 Handvoll Grünkohlblätter
Zitronensaft
    (Menge nach Bedarf)
100 g Ziegenkäse, in feine
    Scheiben geschnitten

Rote Bete, Datteln, Walnüsse, Nussöl und die fein gehackte Schalotte in den Mixer geben und mit der Pulse-Taste zu einer grobkörnigen Masse verarbeiten. Das Brot damit bestreichen und etwa 5 Minuten bei 180 °C überbacken. In der Zwischenzeit den Grünkohl in feine Streifen schneiden und mit etwas Zitronensaft massieren. Die Brotscheiben aus dem Ofen nehmen und mit Grünkohl belegen. Die Ziegenkäsescheiben darauf verteilen und noch einmal 5 Minuten überbacken. Heiß servieren.

Gefüllter Grünkohl
auf indonesische Art

Grünkohl der Sorte „Ostfriesische Palme" hat große Blätter, die man wunderbar zu Rouladen aufrollen kann. Mit leckeren Zutaten gefüllt und im Dampfgarer blanchiert sind sie eine Delikatesse! Wenn Sie nur kleinblättrige Sorten bekommen können, legen Sie einfach mehrere Blätter ineinander. Grünkohl harmoniert bestens mit asiatischen Aromen von Tempeh, Kokos, Limette und Erdnuss. Lassen Sie sich von ihrem köstlichen Duft zu einer kulinarischen Reise verführen.

Für 4 Personen

250 g Tempeh in Bio-Qualität
1 EL Erdnussmus
    in Bio-Qualität
2 EL Limettensaft
1 EL Sojasauce in Bio-Qualität
1 cm frische Ingwerwurzel
1 Knoblauchzehe
2 EL Kokosmilch
6 Handvoll möglichst große
    Grünkohlblätter
1 Tasse Basmatireis
gehackte Erdnüsse
    zum Garnieren

Tempeh am Vorabend in 16 Streifen schneiden. In einem tiefen Teller Erdnussmus mit Limettensaft und Sojasauce verrühren. Ingwerwurzel und Knoblauch schälen und fein hacken. Unter die Sauce heben. Diese mit der Kokosmilch verdünnen. Die Tempehstreifen in die Marinade legen, mehrfach wenden und über Nacht zugedeckt im Kühlschrank aufbewahren. Am nächsten Tag hat sich der Tempeh mit der Marinade vollgesogen. Die Grünkohlblätter gründlich waschen. Jeweils einen Tempehstreifen in ein Grünkohlblatt rollen. Den Reis nach Packungsanleitung kochen. Anschließend die Grünkohlblätter 10 bis 15 Minuten im Dampfgarer erwärmen. Mit Reis und gehackten Erdnüssen servieren.

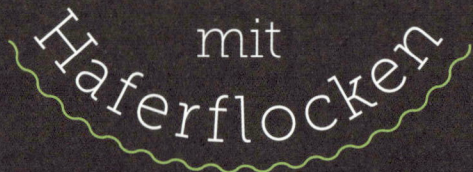

Schnelle GRÜNKOHL–VELOUTÉ mit Haferflocken

Diese Suppe ist so schnell gegart, dass der Grünkohl nur ganz kurz erhitzt wird und die Haferflocken gerade einmal Zeit haben, sich in der Brühe zu entfalten. Und schon ist sie fertig! Die samtig cremige Suppe können Sie mit Avocado- und Tomatenwürfeln, im Backofen gerösteten Kichererbsen, geriebenem Parmesan oder Knoblauchcroûtons verfeinern.

FÜR 2 PERSONEN • 1 TL Olivenöl • 1 kleine Zwiebel, fein gehackt • 4 gute Handvoll Grünkohlblätter, grob in Stücke geschnitten • 1 EL Haferflocken • ½ Tasse Wasser • 1 Tasse Mandel- oder Kuhmilch in Bio-Qualität • 1 Portion Streichkäse (wahlweise) • Meersalz und frisch gemahlener Pfeffer zum Abschmecken

In einem Kochtopf das Olivenöl erhitzen, die Zwiebelstücke dazugeben und leicht anbräunen. Grünkohl und Haferflocken hinzufügen, mit ½ Tasse Wasser aufgießen. Bei geschlossenem Deckel 5 Minuten auf kleiner Flamme garen. Mandelmilch (und Käse, falls gewünscht) dazugeben. Mit dem Stabmixer zu einer cremigen Suppe verrühren! Mit Salz und Pfeffer abschmecken. Heiß servieren.

Croque Madame
mit Grünkohl und getrockneten Tomaten

Obwohl das Ei in diesem Rezept an den klassisch französischen Croque-Madame-Toast erinnert, fehlen hier die beiden traditionellen Zutaten: Grünkohl und fein gehackte sonnengetrocknete Tomaten sind ein erstklassiger Ersatz für Schinken und Käse. Und der würzig süße Senf rundet den Geschmack ab. Das Spiegelei können Sie zubereiten, wie Sie es am liebsten essen (weich oder hart). Mit einem knackigen grünen Salat oder mit Grünkohl-Rohkost servieren.

Für 4 Personen

3 knappe Handvoll Grünkohl-
    blätter
8 sonnengetrocknete
    Tomaten
1 EL Olivenöl
8 Scheiben Vollkornbrot
    in Bio-Qualität
1 EL süßer Senf
4 Bio-Eier
Meersalz und frisch geriebener
    Pfeffer (Menge nach
    Bedarf)

Grünkohl und Tomaten grob hacken. Das Öl in einer kleinen Pfanne erhitzen. Die Grünkohl- und Tomatenstücke bei niedriger Hitze 3 bis 4 Minuten anbraten. Dann 4 Brotscheiben grillen und mit dem Senf bestreichen. Den Grünkohl darauf verteilen. Die restlichen Brotscheiben ebenso grillen und beiseitestellen. Spiegeleier braten. Sie sollten problemlos aus der Pfanne gleiten. Die Eier nach Belieben mit Salz und Pfeffer würzen. Auf jede mit Grünkohl belegte Brotscheibe ein Spiegelei geben. Die restlichen Brotscheiben darauflegen und nur leicht andrücken, damit das Ei nicht herausrinnt. Eine Pfanne mit Deckel auf mittlerer Flamme erhitzen. Jeden Toast darin 2 Minuten von beiden Seiten anrösten und die Croque Madame heiß servieren. Sie können den Toast stattdessen auch 5 Minuten im Backofen erwärmen.

PASTA KALFREDO

Pasta kalfredo – Nudeln mit cremiger Grünkohlsauce – sind die vegetarische Variante der typisch italienischen Pasta Alfredo. Sie wird mit einer würzigen Knoblauch-Sahne-Käsesauce zubereitet. Zahlreiche Veggie-Fans aus aller Welt haben Alternativen zu diesem traditionellen Gericht kreiert. Eine davon, die Pasta mit Avocado und Cashewkernen, hat mich zu diesem Rezept inspiriert. Für eine cremige Käsesauce ohne Käse müssen die Nüsse mehrere Stunden eingeweicht werden. Den typischen Käsegeschmack zaubern wir mit Hefe, Senf, Knoblauch und Zitronensaft. Und blanchierter Grünkohl gehört natürlich auch dazu!

FÜR 2 PERSONEN • 50 g Cashewkerne • 240 g Dinkelspaghetti in Bio-Qualität • 2 EL Würz-Hefeflocken in Bio-Qualität • 1 EL scharfer Senf • 2 TL Zitronensaft • 1 Knoblauchzehe, fein gehackt • 2 knappe Handvoll Grünkohlblätter, grob in Stücke geschnitten • Meersalz und frisch gemahlener Pfeffer zum Abschmecken

Die Cashewkerne mindestens 6 Stunden einweichen, abspülen und abgießen. Die Spaghetti nach Packungsanleitung kochen. In der Zwischenzeit die Cashewkerne mit Hefeflocken, Senf, Zitronensaft, Knoblauch und zwei Drittel des Grünkohls im Mixer pürieren. Mit Salz und Pfeffer abschmecken. Sobald die Nudeln gar sind, abgießen und mit der Cashew-Grünkohl-Sauce und den restlichen, fein geschnittenen Grünkohlblättern in einen Topf geben. Die Pasta weitere 3 Minuten erwärmen und heiß servieren.

Quinoa
mit Champignons und Grünkohl-Misosauce

Diese Grünkohl-Misosauce ist ein kulinarischer Allrounder: Sie schmeckt zum Salat, als Dip zu Gemüse oder als auch Brotaufstrich. Reichen Sie sie zu Nudeln, Reis und anderen Getreidegerichten. Oder bereiten Sie sie wie bei diesem Rezept als einfaches Quinoa-Risotto zu.

Für 4 Personen

Quinoa:
1 Zwiebel
250 g Champignons
240 g Quinoa
2 Lorbeerblätter
½ TL Gemüsebrühe (Pulver;
    ersatzweise Miso)
    in Bio-Qualität
1 TL Oliven- oder Kokosöl
kaltes Wasser
    (Menge nach Bedarf)
1 gute Handvoll Grünkohl-
    blätter

Misosauce:
1 Handvoll Grünkohlblätter,
    grob in Stücke geschnitten
10 g Miso
120 g Seidentofu
    in Bio-Qualität
2 EL Walnussöl

Quinoa: Die Zwiebel schälen und zusammen mit den geputzten Champignons fein hacken. Quinoa im Sieb waschen. In einem Topf Zwiebeln und Champignons bei niedriger Hitze in Olivenöl dünsten, bis die Flüssigkeit aus den Pilzen austritt. Quinoa, Lorbeerblätter, Gemüsebrühe-Pulver und die 1½-fache Menge kaltes Wasser dazugeben. Aufkochen lassen, anschließend zugedeckt bei mittlerer Hitze 10 Minuten garen. Die Grünkohlblätter klein schneiden und untermischen. Anschließend 5 Minuten quellen lassen.

Misosauce: Grünkohl, Miso, abgetropften Seidentofu und Walnussöl im Mixer pürieren. Die Quinoa-Mischung mit der Sauce übergießen und heiß servieren.

Grünkohl-Risotto

Wenn dieses Risotto schön cremig ist, gebe ich gern noch einen Spritzer Zitronensaft dazu. Das Aroma von Zitronensaft und -schale verleiht ihm eine angenehm frische Note und sorgt für einen aromatischen Kontrast zu den milden Champignons. Der fein gehackte Grünkohl übernimmt in diesem Rezept den Part der Kräuter und peppt das Risotto mit seinem knackigen Biss auf.

Für 4 Personen

1 große Zwiebel
500 g Champignons
1 EL Olivenöl
600 ml Gemüsebrühe
    in Bio-Qualität
260 g Carnaroli- oder
    Arborio-Reis
3 knappe Handvoll Grünkohl-
    blätter
1 Bio-Zitrone
70 g Walnusskerne
1 geh. EL Mandel-
    oder Cashewmus
    in Rohkostqualität
geriebener Parmesan
    zum Garnieren (wahlweise)

Die Zwiebel schälen und fein hacken. Die Champignons putzen und halbieren oder vierteln. In dem heißen Olivenöl andünsten, bis sie ihren Saft abgeben. In der Zwischenzeit die Gemüsebrühe erhitzen. Wenn die Champignons gar sind, den Reis dazugeben und gut durchmischen. Mit etwas Gemüsebrühe aufgießen, sobald die Körner eine durchscheinende Konsistenz haben. Jeweils mehr Gemüsebrühe dazugeben, wenn die Flüssigkeit verdampft ist. Nach etwa 17 Minuten ist das Risotto fertig. (Möglicherweise ist dann noch Brühe übrig.) In der Zwischenzeit den Grünkohl klein schneiden. Die Zitronenschale fein abreiben und anschließend die Zitrone auspressen. Die Walnüsse grob hacken. 3 Minuten vor Ende der Garzeit das Mandelmus in das Risotto einrühren. Dann den Grünkohl unterheben und mit der Hälfte des Zitronensafts sowie ein paar Prisen geriebener Schale würzen. Die Walnüsse unterziehen und heiß servieren. Nach Wunsch mit geriebenem Parmesan garnieren.

Gegarter Grünkohl

Grünkohl-Chips
aus dem Backofen

Dieses Rezept ist der große Klassiker, der den Grünkohl selbst bei widerspenstigen Kohlessern und vor allem bei Kindern populär gemacht hat. Die herrlich krossen Chips sind sehr gesund und im Handumdrehen fertig. Sie sind einfach nur gut! Probieren Sie sie auch mit verschiedenen Würzmischungen.

Für 4 Portionen

8 gute Handvoll Grünkohl-
   blätter
etwa 2 EL Olivenöl
   (Menge nach Bedarf)
Meersalz (Menge nach Bedarf)

Den Backofen auf 175 °C vorheizen. Die Grünkohlblätter grob in Stücke schneiden und in einer Lage auf dem Backblech verteilen. Mit Olivenöl beträufeln und nach Belieben mit Salz bestreuen. Anschließend das Öl mit den Händen gut in die Blätter einmassieren, sodass Öl und Salz gleichmäßig verteilt sind. Die Blätter sollten beim Backen allerdings nicht übereinanderliegen. Die Chips etwa 10 Minuten bei 175 °C backen und gut abkühlen lassen.

Würzmischungen

- **mit Salz und Apfelessig** (1 Spritzer Essig und etwas weniger Öl dazugeben)
- **mit Zitrone** (1 Spritzer Zitronensaft, Salz und Pfeffer; weniger Öl)
- **mit Knoblauch** (1 bis 2 zerdrückte Knoblauchzehen mit dem Öl vermischen)
- **mit indischen Gewürzen** (Curry oder Garam Masala zu dem Öl geben)
- **mit Parmesan** (geriebenen Parmesan über die Chips streuen und 5 Minuten länger backen)
- **mit Zimt und Ahornsirup** (die Garzeit verdoppeln)
- **mit Kakao** (eine kleine Menge ungesüßtes Kakaopulver sowie Mascobado-Vollrohrzucker über die Chips streuen und die Garzeit verdoppeln)

GRÜNKOHL–RÖLLCHEN

MIT
Feta und Nüssen

Dieses Rezept stammt aus dem Nahen Osten: Filoteig mit einer saftig grünen Füllung wird zu knusprigen „Zigarren" gedreht. Wenn Sie alle Blätter füllen und dann in Schneckenform aneinanderlegen, bekommen Sie ein vegetarisches „Börek". Der Grünkohl ersetzt hier die üblichen Blattgemüse (Mangold, Spinat, Minze, Petersilie) und geht eine äußerst glückliche Beziehung mit dem Fetakäse ein.

FÜR 4 PERSONEN • 3 gute Handvoll Grünkohlblätter • 1 Zucchini • 1 EL Sesamöl • 1 TL Sumach oder Zatar-Gewürzmischung in Bio-Qualität • 200 g Feta • 120 g Walnüsse • 8 Blätter Filoteig • Olivenöl zum Bestreichen (Menge nach Bedarf)

Den Grünkohl in feine Stücke schneiden. Zucchini waschen, putzen und klein schneiden. Das Sesamöl in einer großen Pfanne erhitzen. Das Gemüse dazugeben und zugedeckt etwa 15 Minuten bei mittlerer Hitze garen lassen. Abgießen. Das Gemüse mit den Gewürzen, zerkrümeltem Fetakäse und gehackten Walnüssen vermengen. Die Filoblätter auslegen. Jedes Blatt mit jeweils einem Achtel der Gemüsemischung bestreichen und aufrollen, dabei die Ränder nach innen klappen.
Börek: Ein gefülltes Röllchen für die Mitte einrollen. Die anderen nun nacheinander anlegen, sodass eine Schnecke entsteht. Das Ganze mit etwas Olivenöl bestreichen und 25 Minuten bei 200 °C (Börek) oder 10 Minuten (einzelne Röllchen) backen. Zimmerwarm servieren.

Bratlinge oder Burger
mit Grünkohl und Soja

Bei diesem Rezept haben Sie die Wahl: Servieren Sie die Bratlinge mit einem Tomatencoulis und der cremigen Avocadosauce (Seite 35) zu Salat oder Gemüse. Als Burger passen sie mit eingelegtem Gemüse und einem Spritzer Ketchup prima in ein Brötchen.

Für 12 Bratlinge

45 g Sojafleisch
    in Bio-Qualität
3 EL Sojasauce in Bio-Qualität
heißes Wasser
    (Menge nach Bedarf)
70 g Hafer- oder Dinkel-
    flocken
2 EL Chiasamen
100 g festes Gemüsepüree
    (aus Kartoffeln,
    Süßkartoffeln oder
    Kastanien)
1 Handvoll Grünkohlblätter,
    in feine Stücke geschnitten
30 g Haselnuss- oder Mandel-
    mehl in Rohkostqualität
50 g Kastanien- oder Vollreis-
    mehl in Rohkostqualität
Meersalz zum Abschmecken
Olivenöl zum Einölen des
    Backblechs (Menge nach
    Bedarf)

Das Sojafleisch in eine Schüssel geben und mit der Sojasauce beträufeln. Mit heißem Wasser aufgießen und mindestens 30 Minuten quellen lassen. Abgießen. In der Zwischenzeit die Haferflocken und Chiasamen mit 150 Millilitern heißem Wasser aufgießen und 15 Minuten ziehen lassen. In einer Salatschüssel Sojafleisch, Flocken sowie Gemüsepüree vermischen und mit 1 Prise Salz abschmecken. Mit dem Stabmixer kurz pürieren, bis eine stückige Masse entsteht. Die fein geschnittenen Kohlblätter sowie Mandel- und Reismehl dazugeben. Aus der Mischung walnussgroße Bratlinge oder 2 Zentimeter dicke Burger formen. Auf ein eingeöltes Backblech setzen und etwa 15 Minuten bei 180 °C backen. Heiß, zimmerwarm oder kalt servieren.

GRÜNKOHL-TARTE

mit Süßkartoffeln und Ziegen-frischkäse

Grünkohl und Süßkartoffeln sind nicht nur optisch ein Highlight. Sie haben ein mildes, süßliches Aroma und ergänzen einander wunderbar. Die Süßkartoffeln sind weich und cremig, der Grünkohl ist würzig und verleiht der Tarte Biss. Ziegenfrischkäse gibt der Komposition eine rustikale Note. Eine Tarte mit glutenfreiem Teig, wie sie besser nicht sein könnte!

FÜR 4 PERSONEN — *Teig* • 100 g Vollreismehl in Bio-Qualität • 20 g Kartoffel- oder Maisstärke in Bio-Qualität • 80 g Maismehl in Bio-Qualität • 1 Prise Meersalz • 1 Bio-Ei • 40 g Olivenöl oder Ghee in Bio-Qualität • 1–2 EL Wasser (wahlweise) • *Belag* • 1 Süßkartoffel • 100 g Ziegenfrischkäse • 1 Bio-Ei • 1 Prise Meersalz • 2 knappe Handvoll Grünkohlblätter, fein gehackt

Teig: Mehl, Stärke und Salz in einer Salatschüssel vermengen. Ei und Öl (bzw. Ghee) mit den Fingerspitzen einarbeiten, alles gut verkneten. Falls nötig, 1 bis 2 Esslöffel Wasser dazugeben. Mit dem Teig eine Tarteform von 20 Zentimetern Durchmesser auskleiden und den Teig mit der flachen Hand gut andrücken.
Belag: Die Süßkartoffel schälen, in Stücke schneiden und etwa 15 Minuten garen. Abgießen und in einer Schüssel mit Ziegenfrischkäse, Ei und 1 Prise Salz vermengen. Den fein gehackten Grünkohl unterheben. Die Masse auf den Teig geben und etwa 35 Minuten bei 180 °C backen. Die Tarte heiß, zimmerwarm oder kalt servieren.

Wärmende Suppe
mit Grünkohl, Süßkartoffeln und Dal-Linsen

Das ist eine dieser wärmenden Wintersuppen, wie ich sie liebe. Mit einer Scheibe Toast schmeckt sie köstlich zum Mittag- oder Abendessen. Die Dal-Linsen und das klein gewürfelte Wurzelgemüse garen zart in einer Brühe aus Miso und Kokosmilch. Geben Sie den fein gehackten Grünkohl erst am Schluss dazu. So wird er nur leicht blanchiert und all seine wertvollen Nährstoffe bleiben erhalten. Noch leckerer wird die Suppe mit ein paar Würfeln Räuchertofu!

Für 4 Personen

1 Zwiebel
4 Karotten
1 Süßkartoffel
1 TL Kokosöl
1 kl. Tasse Dal-Linsen
2 Tassen Wasser
3 Lorbeerblätter
1 Würfel Gemüse- oder Misobrühe in Bio-Qualität
1 Dose geschälte Tomaten
   (wahlweise)
1 Stück frische Kurkumawurzel
3 Handvoll Grünkohl,
   fein gehackt
100 ml Kokosmilch
Meersalz zum Abschmecken

Zwiebel, Karotten und Süßkartoffel schälen. In feine Würfel schneiden. Das Kokosöl in einem Topf erhitzen, das Gemüse dazugeben und 2 Minuten bei mittlerer Hitze anbraten. Linsen, Wasser und Lorbeerblätter hinzufügen und zum Kochen bringen. Mit Gemüse- oder Misobrühe aufgießen und wahlweise die geschälten Tomaten unterrühren. Den Deckel aufsetzen und etwa 20 Minuten köcheln lassen, bis das Gemüse weich ist. Die Kurkumawurzel schälen und fein hacken. Dann fein geschnittene Grünkohlstreifen und Kokosmilch dazugeben. Die Suppe noch 5 Minuten auf kleiner Flamme köcheln lassen. Mit Salz abschmecken und heiß servieren.

Pizza Double Kale

Statt die Pizza zweifach oder dreifach mit Käse zu belegen, biete ich sie Ihnen mit einer doppelten Portion Grünkohl an! Bei diesem Rezept begegnet uns der Grünkohl als Pesto und als Belag, sowohl roh als auch gekocht. Für doppelten Genuss! Der Pizzateig ist im Gegensatz zu der klassisch neapolitanischen Pizza mit ihrem krossem Boden dick und weich, da er weitgehend aus Vollkorn besteht.

Für 4 Personen

Teig:
250 g Dinkelvollkornmehl
   sowie
150 g Dinkel- oder Weizenmehl Typ 1050
   (beides in Bio-Qualität)
2 TL Meersalz
10 g Trockenhefe oder 20 g
   frische Hefe in Bio-Qualität
3 EL Olivenöl
250 Milliliter warmes Wasser
4 EL Samen (z. B. Sesam-, Lein-,
   Mohn-, Chiasamen, Sonnen-
   blumen- oder Kürbiskerne)

Belag:
2 Schalotten
250 g Champignons
Olivenöl zum Anbraten
1 Tasse Grünkohl-Pesto
   (Seite 32)
2 Kugeln Büffelmozzarella,
   in Würfel geschnitten
1 Handvoll Grünkohlblätter,
   in feine Streifen geschnitten
Saft von 1 Zitrone

Teig: Mehl in eine Schüssel geben. Salz, Hefe, Öl und das zimmerwarme Wasser dazugeben und zu einem Teig verkneten. Die Samen in den Teig einarbeiten und 10 Minuten weiterkneten. Den Teig zugedeckt 1 Stunde an einem warmen Ort ruhen lassen.

Belag: In der Zwischenzeit die Schalotten schälen und fein hacken. Die Champignons putzen und die größeren halbieren. In einer Pfanne Öl erhitzen und die Schalotten anbraten. Die Champignons dazugeben und garen, bis nur noch wenig Flüssigkeit in der Pfanne ist. Beiseitestellen.

Den Pizzateig auf einer bemehlten Arbeitsfläche flach ausbreiten und erneut zu einer Kugel formen. Mehrere Male wiederholen. Den Teig ausrollen und im Ganzen auf ein mit Backpapier bedecktes Backblech legen. Mit Pesto bestreichen. Die gedünsteten Champignons sowie Mozzarellawürfel darauf verteilen. Die Pizza 10 Minuten ruhen lassen. Währenddessen den Ofen auf 180 °C vorheizen. Die Pizza 15 Minuten backen. Mit Grünkohlstreifen belegen und mit Zitronensaft beträufeln. Heiß servieren.

Lasagne
mit Grünkohl und Kürbis

Das Geheimnis einer gelungenen vegetarischen Lasagne liegt in der Kombination ihrer Zutaten. Die einzelnen Schichten bestehen aus cremigem Kürbispüree, einer aromatischen Grünkohl-Ziegenkäse-Mischung und natürlich aus einer Tomatensauce der Extraklasse. Sie ist das A und O einer guten Lasagne! Bereiten Sie die Lasagne ruhig schon am Vorabend zu und stellen Sie sie bis zum Backen in den Kühlschrank. Dann haben sich die Aromen wunderbar vermischt. Sie können sie aber auch problemlos aufwärmen.

Für 4 Personen

1 Butternut-Kürbis
 (etwa 500 g Kürbisfleisch)
200 ml Hafersahne in Bio-
 Qualität (z. B. Hafer Cuisine)
300 ml Tomatensauce
 in Bio-Qualität
9 Lasagneblätter,
 frisch oder gekocht
2 knappe–3 gute Handvoll
 Grünkohlblätter
100 Ziegenfrischkäse
Meersalz und frisch gemahlener Pfeffer zum Ab-
 schmecken
geriebener Parmesan
 zum Garnieren (wahlweise)

Den Kürbis aufschneiden und von den Samen befreien. In Scheiben schneiden und diese 20 Minuten dünsten. Erst danach von der Schale befreien. Das Kürbisfleisch zu feinem Mus pürieren. Davon 500 Gramm abwiegen und 150 Milliliter Hafersahne unterrühren. Mit Salz und Pfeffer abschmecken. In einer Auflaufform den Boden mit Tomatensauce bedecken, 3 Lasagneblätter darüberlegen und diese mit Kürbispüree bedecken. Wieder 3 Lasagneblätter darüberlegen. Den Grünkohl grob hacken. Mit Ziegenkäse und der restlichen Hafersahne vermengen. Auf die Nudeln streichen. Mit einer weiteren Lage Nudeln bedecken. Darüber die Tomatensauce geben. Nach Wunsch mit geriebenem Parmesan bestreuen. Die Lasagne etwa 35 Minuten bei 180 °C backen. Vor dem Servieren 10 Minuten ruhen lassen.

GRÜNE
DAMPFNUDELN

Dieses Rezept ist die herzhafte Variante der klassischen süßen Dampfnudeln. Die weichen Brötchen passen wunderbar zu frischer Bauernbutter oder einer Käseplatte. Falls Sie es schaffen, sie nicht gleich zu vertilgen, wenn Sie sie aus dem Dampfgarer holen. Auch eine Suppe wie die von Seite 68 passt bestens dazu. Das Dampfgaren bewahrt zudem die Farbe und die Nährstoffe des Grünkohls.

FÜR 6 PERSONEN • 2 knappe Handvoll Grünkohlblätter • 90 ml warmes Wasser • 1 EL Rohrohrzucker • ½ TL Meersalz • 1 EL Olivenöl • 170 g Weizenmehl Type 550 in Bio-Qualität • 1 TL Trockenhefe • 1 TL Weinstein-Backpulver

Die Grünkohlblätter fein hacken und mit 90 Millilitern zimmerwarmem Wasser, Zucker, Salz und Öl zu einem groben Mus pürieren. Anschließend 50 Gramm Mehl dazugeben und zu einem homogenen Püree mixen. In eine Schüssel geben. Mehl, Hefe und Backpulver hinzufügen und 5 Minuten kneten. Den Teig zu einer Kugel formen und zugedeckt 1 Stunde an einem warmen Ort gehen lassen. Danach zu größeren oder kleineren Laiben formen. Ich mache manchmal nur eine große Kugel und schneide sie mehrfach ein. Den Einsatz des Dampfgarers mit Butterbrotpapier auslegen. Brötchen oder Brot hineingeben und noch einmal 45 Minuten gehen lassen. Im Dampfgarer 30 Minuten garen und anschließend noch 15 Minuten quellen lassen, ohne den Deckel zu öffnen.

Literaturempfehlungen

Baur, Michaela: *Knackig & frisch vom Markt. Alles, was Sie beim Einkauf von Obst und Gemüse wissen müssen. Mit vielen köstlichen Rezepten.* München: Christian Verlag 2014

Boone, Lauri: *Das große Buch der Superfoods. Pflanzliche Supernahrung von Avovado bis Weizengras: Für Gesundheit, Leistungsfähigkeit und das persönliche Wohlfühlgewicht.* Emmendingen: Hans-Nietsch-Verlag, 2013

Clea: *Matcha. Die Krone des Grüntees in der Küche.* Graz: Leopold Stocker Verlag 2014

Clea: *Veggie. Französisch vegetarisch. 500 Rezepte.* Berlin: Verlag Stiftung Warentest 2014

Clea: *Veggie Burger.* Weil der Stadt: Hädecke Verlag 2014

Hellmiß, Margot: *Kohl. Das gesündeste Lebensmittel der Welt. Mit Trendrezepten für Grünkohlchips, Smoothies und mehr.* München: Südwest Verlag 2014

Iden, Karin: *Kale. Das Grünkohl-Revival. 40 kreative Rezepte.* Schwarzenbek: Cadmos Verlag 2015

Ramsey, Drew und Iserloh, Jennifer: *Fifty Shades of Kale. 50 Fresh & Satisfying Recipes That Are Bound to Please.* New York: HarperWave 2013

Titel der Originalausgabe: *Kale. Un Superaliment Dans Votre Assiette*,
erschienen bei *Editions La Plage*, Paris

Translation Rights arranged with *Editions La Plage*, Paris

Lektorat: Ute Orth
Korrektorat: Ulrike Oberländer
Fotos: Emma Dufraisseix; Foto Seite 12: Shutterstock; Foto Seite 15: Magali Ancenay de Luca
Illustration: Shutterstock
Gestaltung: Kurt Liebig, David Cosson
Druck: Dimograf Sp z o.o., Bielsko-Biała/Polen

Hans-Nietsch-Verlag · Am Himmelreich 7 · 79312 Emmendingen
www.nietsch.de · info@nietsch.de

ISBN 978-3-86264-365-3

Estérelle Payany

Gesunde Power aus dem Entsafter

Säfte, Suppen, Snacks & Desserts

Für ein Optimum an Vitalstoffen jeden Tag

vegetarisch/ vegan

HANS-NIETSCH-VERLAG

www.nietsch.de

Estérelle Payany

Gesunde Power aus dem Mixer

Smoothies, Suppen, kleine Gerichte & Desserts

Für ein Optimum an Vitalstoffen jeden Tag
vegetarisch/ vegan

HANS-NIETSCH-VERLAG